AF321068

L42
b
613

# OBSERVATIONS

*Sur la résolution du 4 nivose an 7,*
*concernant les prises maritimes,*

## ADRESSEES

## AU CONSEIL DES ANCIENS,

Par KEIDEL (de Bremen).

# OBSERVATIONS

## ADRESSÉES

## AU CONSEIL DES ANCIENS,

*Sur la résolution du 4 de ce mois, qui déclare que la loi du 29 nivose an 6, a dû être exécutée du jour de son insertion au Bulletin des Loix.*

CITOYENS REPRÉSENTANS;

QUELQUE soit l'autorité du suffrage donné par le Conseil des Cinq Cents, à une disposition législative, nul ne doit être blâmé de représenter au Conseil des Anciens, les inconvéniens qui semblent naître d'une résolution qui lui est soumise.

Ce motif m'encourage à vous exprimer ma pensée sur celle du 4 de ce mois, concernant les prises maritimes.

Je le dois au sentiment de la vérité, tou-

A

jours si puissant sur un homme libre ; je le dois à l'intérêt de mes commettans , qui , ayant eu singulièrement à souffrir du mouvement rétrograde, donné à la loi du 29 nivôse , par certains tribunaux de la République , ont quelque raison de s'allarmer , en voyant que cette rétroactivité sera peut-être consacrée par un acte émané des dépositaires de la puissance nationale.

Veuillez donc permettre , Citoyens Représentans , que j'arrête un instant votre attention, tant sur le principe qui doit seul résoudre la question , que sur les objections que l'on a opposées à son application, lorsque la résolution n'étoit encore qu'un simple projet.

Il existe une règle , d'autant plus respectable , que tous les peuples civilisés l'ont respectée , et d'autant plus nécessaire , qu'elle assure la tranquillité intérieure et extérieure ; c'est celle qui veut qu'aucune loi ne soit obligatoire que du moment qu'elle est connue.

S'il en étoit autrement , la loi n'offriroit plus de garantie , et les droits acquis soit par des contrats , soit par des jugemens revêtus d'un caractère irrévocable , s'anéantiroient , entre les mains de ceux qui voudroient en faire usage.

Il est donc constant que le législateur ne peut jamais regarder en arrière, et qu'en matière de législation, la retroactivité est un vice, que rien ne peut pallier.

Ce qui vient d'être dit, convient aux rapports qui existent entre les membres d'une même société, comme à ceux qui sont établis de peuple à peuple, puisque les traités sont les lois des nations, et que le droit des gens est le véritable régulateur dans l'ordre politique, comme le droit privé régle seul l'ordre civil.

Pourquoi donc mettre une différence entre les mesures politiques, et les décisions qui doivent régler les questions d'intérêt privé ?

Dans les deux hypothèses, la retroactivité ne produit-elle pas le même effet, celui d'enlever des droits acqnis, ou de punir pour des faits qui étoient légitimes, soit qu'ils fussent autorisés par des conventions positives, soit qu'ils fussent avoués par les notions simples du droit naturel, ou par les maximes du droit des nations ?

*La distinction*, dit-on, *dérive de plusieurs causes, dont quelques-unes conviennent, en général, à toutes les loix qui peuvent intéresser les citoyens et les habitans des autres*

*états , et dont certaines découlent des cir-*
*constances, qui ont déterminé le Corps Lé-*
*gislatif à rendre la loi du 29 nivôse.*

Je ne répondrai point, Citoyens Représentans , aux divers argumens qui ont été faits
pour justifier ce systéme ; argumens qui ont
été victorieusement refutés dans les débats qui
ont précédé la résolution.

Je ne suivrai point pied - à - pied ceux qui
l'ont conçue.

Une pareille entreprise seroit évidemment
au-dessus de mes forces , et ne tendroit d'ail-
leurs qu'à reproduire de résultats, qui vous
sont parfaitement connus.

Mais il me semble, Citoyens Représentans,
que les considérations dont on veut se pré-
valoir , doivent demeurer sans force aussitôt
qu'il est établi que la mesure proposée , loin
d'atteindre uniquement les ennemis de la république , doit au contraire porter essentiel-
lement sur ses alliés et sur les neutres.

Or, qui que ce soit ne peut contester
qu'en décrétant, que la loi du 29 nivose a dû
être exécutée du jour de son insertion au
bulletin , c'est soumettre à la confiscation,
tous ceux qui, *comme les chargeurs des villes
Anséatiques ,* sur la foi de l'usage reçu dans

tous les lieux, et pratiqué dans toutes les guerres, transportoient des marchandises produites ou fabriquées chez l'une ou l'autre des puissances belligérantes.

Que dire de cette décision, lorsqu'elle est rendue dans des conjonctures, où les armateurs sont parvenus à accréditer cette opinion étrange, que des bâtimens naviguans sous le pavillon neutre, ne sont que des Anglais neutralisés, et que tous les produits des colonies des puissances amies de la France, ne sont réellement et uniquement que le produit du commerce anglais ?

Ainsi, voilà notre ruine consommée, par ce motif unique que quelques neutres ont pû frauduleusement prêter leur pavillon aux spéculations et au commerce des sujets d'une puissance ennemie.

Cette conséquence désastreuse sortira nécessairement, non du texte de la loi du 29 nivose, mais de l'interprétation que lui donne la résolution du 4 de ce mois.

En effet, Citoyens Représentans, la loi ne portant point qu'elle seroit exécutée du moment où elle fût rendue, il étoit naturel de penser qu'elle ne pouvoit l'être qu'après l'expiration des délais nécessaires pour avertir

du changement survenu dans les droits accor
dés aux alliés et aux neutres.

Le silence du législateur sur ce point im-
portant, annonçoit qu'il avoit voulu rester
dans les termes du droit commun, et c'est
ainsi que la difficulté paroît avoir été réso-
lue par le Directoire exécutif, lorsqu'il a été
consulté par ses commissaires près les tribunaux, sur la prétention élevée par des cor-
saires, de légitimer la prise de certains navires
neutres, dont les chargeurs n'avoient pu
avant leur départ, avoir connoissance de la
loi.

Aujourd'hui, Citoyens Représentans, l'on
propose de déclarer que la loi du 29 nivose
ne contenant aucun délai ni suspension ac-
cordés aux puissances étrangères, ni aux habitans de leurs États, elle a dû être exécutée
du jour de son insertion au bulletin des loix,
de sorte que la loi du 29 nivose, auroit pour
ainsi dire une double rétroactivité, celle qu'on
lui suppose, et celle qui résulteroit de l'ex-
plication qu'on entend lui donner.

Car, il n'échappera point à votre sagacité, que
quelques tribunaux ayant appliqué cette loi
d'après le sens naturel qu'elle présente, il
suivra de l'interprétation, que ceux qui ont

échappé aux poursuites des Armateurs, seront exposés au recours en cassation, dont on ne manquera point de faire usage.

Un autre motif de la résolution du 4 de ce mois, a été pris de ce que *la loi du 29 nivose, exprimant les signes et caractères auxquels on doit reconnoître l'ennemi, et les navires chargés de marchandises déclarées saisissables par la loi du 10 brumaire an 5, il ne falloit point laisser de prétexte sur l'époque où la première de ces loix avoit été publiée;* c'est-à-dire, qu'on a considéré la loi du 10 brumaire, an 5, et celle du 29 nivose, an 6, comme ne formant qu'un seul tout, de manière qu'il falloit chercher dans la seconde, ce que l'on ne trouvoit point dans la première.

Mais si la loi du 29 nivose n'exprime ni les signes, ni les caractères auxquels on doit reconnoître l'ennemi, ne sera-t-il pas démontré qu'il n'y a aucune liaison entre la loi du 10 brumaire et celle du 29 nivose ?

Cette observation, reposant sur *un fait facile à vérifier*, je ne me permettrai pas de la pousser plus loin.

D'un autre côté, en suivant le système adopté, ne faudroit-il pas aussi faire rétroagir la loi du 29 nivose jusqu'à celle du 10 brumaire ?

L'on sent, combien cette extension peut paroître facile , et toutes les conséquences qui sont la suite d'un faux système.

Au surplus, la loi du 10 brumaire , dans l'hypothèse même, qu'on pût la considérer comme une nouvelle déclaration de guerre , ce qui n'est pas, puisqu'elle n'est qu'une loi de police intérieure, n'a cependant été exécutée que du jour de sa publication ; et des dispositions subséquentes contenues dans les lois des 26 brumaire, 19 frimaire et 19 pluviose , ont pourvu tout à-la-fois dans l'application de cette loi, aux intérêts des Français et à ceux des alliés et des neutres, qui n'avoient pas pu la connoître.

Pourquoi donc les Représentans de la grande Nation , s'écarteroient-ils d'une marche si digne d'eux , lorsqu'il s'agit de faire cesser toute incertitude sur l'époque où la loi du 29 nivose a dû être exécutée ?

*C'est*, dit-on, *que la loi du 29 nivose étoit une loi de représailles, et qu'il suffisoit de savoir qu'elle fut rendue, pour qu'elle pût et dût être exécutée.*

En prenant ce raisonnement à la lettre, qu'en résulteroit-il ? Si ce n'est que la loi ne pèut concerner que ceux qui ont donné les premiers l'exemple de la violation des principes ; puisqu'il n'y a de représailles que vis-à-vis de ceux-là , et qu'à l'égard des autres , elle n'a dû avoir son exécution, que quand ils ont pu la connoître.

Ce tems, comme l'on sait , est réglé par la distance des lieux ( 1 ) ; et si jamais il fut nécessaire de conserver religieusement cet usage , c'est sans contredit à l'égard de la loi dont il s'agit , qui étant sévère dans ses dispositions , l'est devenue bien plus encore par la jurisprudence du plus grand nombre des tribunaux.

Citoyens Représentans , c'est au nom des

---

(1) L'article XXVI du traité entre la France et les Villes Anséatiques , porte :

« Lesdits termes ou délais seront de quatre semaines pour les marchandises chargées dans la mer Baltique ou dans celle du Nord, depuis Terneuse en Norvège jusques au bout de la Manche. »

« De six semaines , depuis le bout de la Manche jusques au cap Saint-Vincent. »

« De dix semaines depuis le cap Saint-Vincent, dans la mer Méditerranée et jusques à la ligne. »

« Et enfin de huit mois au-delà de la ligne et dans tous les autres endroits du monde. »

« Tous ces termes, ou délais , s'entendront à compter du jour de la déclaration de la guerre. »

Négocians et des Armateurs des Villes Anséatiques, propriétaires de plusieurs navires pris, que j'ai cru devoir rédiger et vous soumettre les réflexions précédentes.

Votre impartiale équité daignera les apprécier, et elle reconnoîtra, qu'en les écrivant, je n'ai été animé que de l'esprit de justice, et que je n'ai point perdu de vue la vénération dont je suis pénétré pour les Représentans de la République Française, lors même que les actes de leur autorité peuvent nuire aux intérêts de mes Commettans ou à mes intérêts personnels.

Salut et respect.

*Paris, le 21 nivose, an 7e.*
*de la République Française,*
*une et indivisible.*

KEIDEL (de Bremen), citoyen Anséatique.

---

De l'Imprimerie de Du Pont, rue de l'Oratoire.

www.ingramcontent.com/pod-product-compliance
Lightning Source LLC
LaVergne TN
LVHW020439060726
842525LV00006B/2452